JN438564

# 시인의 바다

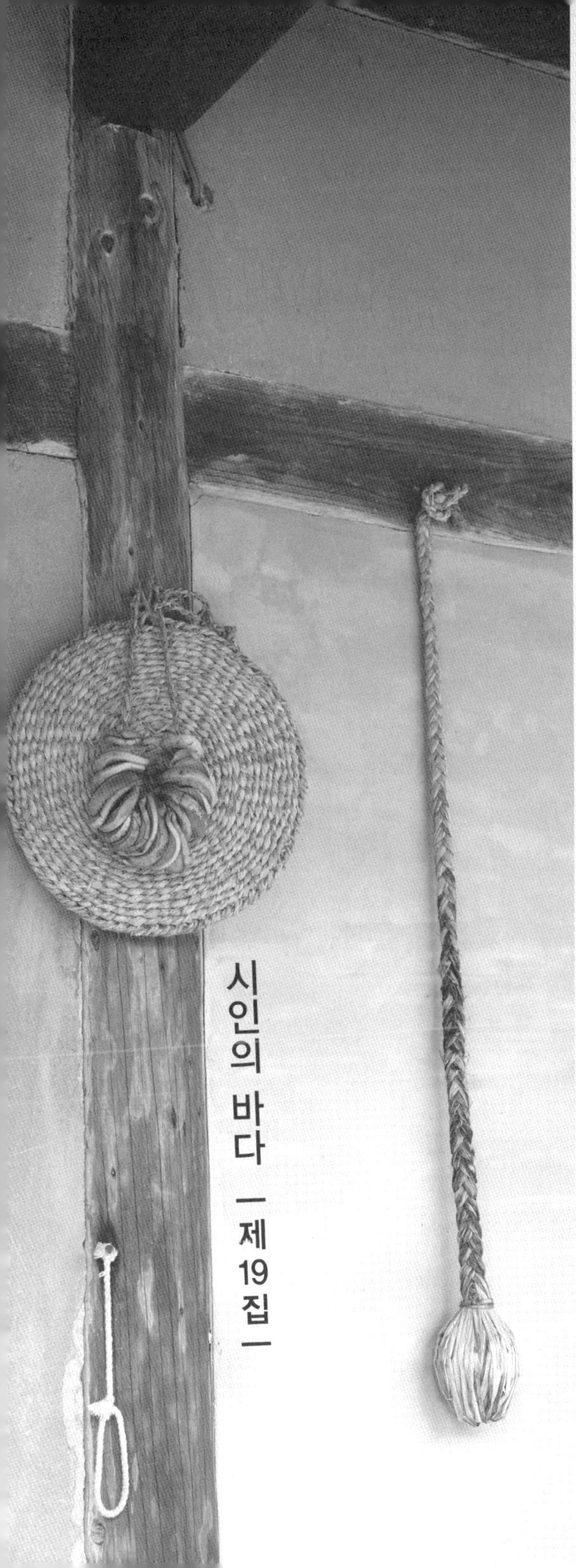

# 끈, 이어지다

시인의 바다 — 제19집 —

한국바다문인협회

곽정순 김복녀 김영태 김옥영
김용옥 남어울 류상근 방혜숙
안강로 양영택 연용옥 염기식
염은미 이근복 이상호 이정석
전인숙 허문규

도서출판 천우

| 발간사 |

# 발간에 부쳐

가을은 풍요의 계절이면서도 비움의 계절입니다
들녘을 가득 메운 나락들이 가을걷이로 곳간을 채우면
들녘은 다시 비움의 땅, 꼬마바람의 놀이터가 되고
곳간이 비워질수록 들녘은 다시 풀오름으로 가득할 것입니다
이러한 서클은 시를 쓰고 있는 우리들의 모습과도 많이 닮았습니다

시인의 바다 한국바다문협 회원들은
해마다 가을이 되면 알토란 같은 시집을 움켜쥐면서
양식의 곳간을 채우는 동시에 한편에서는
비워진 시심으로 일 년 詩농사를 지을 채비를 합니다

올 가을에도 한국바다문인협회 회원들은
열 아홉 번째 시집으로『끈, 이어지다』를 펴냈습니다
터치와 호흡의 정이 끊긴 척박한 일상을 지내면서도
시적 상상력과 영혼의 날개는 꺾이지 않았습니다
홑청을 빨아 풀을 먹이고 다듬이질로 눅이는 섬섬옥수의 손길처럼
덜컥 쏟아낸 거친 감정 덩어리들을 이리저리 매만지며
솎아내고 주무르는 노력을 꾸준하게 해왔습니다
마치 모든 道의 궁극에 자리하고 있는 부드러움을 찾아가듯이

밀고 두드리기를 수없이 반복하면서 한 편 한 편 시를 지었습니다
끝임없이 변화하는 자연의 모습에서 영원성을 바라보는 회원들에게는
펜데믹 코로나도 변화무쌍한 세월의 부침도 시제의 하나일 뿐이었습니다
이게 바로 시인의 마음이요 조금만 더 들어가 보면
한국바다문협의 큰 자산이요 희망이요 자랑일 것입니다

그간 선배님, 문우님들이 값지게 흘린 땀이
유곡을 흘러흘러 이맘큼 와있다고 봅니다
오늘 우리가 흘린 땀도 더해져서 냇물로 힘차게 내달릴 것입니다
바다로 향하는 길은 멀고도 험하겠지만
우리의 행군은 멈추지 않을 것입니다
이번에도 선배 시인 최영화님과 공의식님의 시를 함께 올립니다
끝으로 제19집『끈, 이어지다』가 독자의 마음에 깊은 감흥을 주어
많은 사랑을 받기를 소망합니다

2021년 코로나 가을
한국바다문인협회
회장 **안 강 로**

ADT
31

난고 김삿갓 문학관

아름다운 동행
문학탐방

| 차례 |

# 초대시(작고문인)

●

최영화
공의식

# 연꽃 인과(因果) 외 1편

好世 **최 영 화**
前 한국바다문인협회 고문

탁연(濁淵)이 정화되어
꽃으로 화신했나
가볍게 떠 있음은
자비가 깊어서인가

합장한 새색시의 볼이
꽃잎을 물들였나
무슨 과(果) 이루려고
그리도 고운 인(因)으로 피었소

알 듯 모를 듯
관세음상의 미소가
꽃잎에 감도네

자비, 정화
연꽃의 고운 과가
관세음상 미소 되어
중생들의 합장으로
환생하게 하소서

# 서러움

뉘라서 서럽다 하누
내 서러움
혼자서 서러운 것을

낮으론 바람결에
밤으론 꿈결에

찾아오는 임의 미소
끔직한 정성은
서러움의 역성인고

이 하루도 지는 해에
노을이 타고

무젖을 부슬비는
어느 하세월일꾸

※ 최영화 선생님 당신을 잊지 않겠습니다.

# 꿈 외 1편

공 의 식
前 한국바다문인협회 회장

내가 너를 잡으려고
큰 산에 올랐더니
구름은 산 아래 지천이요
향기만 가득하여라

태양은 하늘에서
조롱하듯 굽어보는데
내가 잡은 모든 것은
무지개로 변했구나

지천으로 널린 꿈들
찍어 놓은 발자국이었던가
내려가기조차 어려운
저 산 아래 외길이여

# 연어

강원도 인제군 산북천 계곡으로
기생보다 더 화려하게 치장을 한 여인이
찾아 들고 있소
태어날 때 어미는 죽고 세찬 물살에 떠밀려
고향마저 떠나 세월이 키웠는지 바다가 키웠는지
처녀가 되어 돌아오는 고향 땅이라고 했소
그녀는 골목 같은 시냇물을 따라
기억조차 나지 않는 기억 속으로 간다고 했소
젖 냄새 풍기던 어머니의 고향도 바뀌고
뒤바뀌고 또 바뀌서 바뀌지 않은 고향으로,
천 번도 더 들락거렸을 고향이라 간다고 했소
고향이 가까워질수록 가장 화려하게 꽃단장하고
어머니처럼 색(色)을 팔러 간다고 했소
색(色)이 아니라 생(生)을 마치러 간다고 했소
아무도 돌보지 않은 그곳에서는 아이가 태어나고
만장(挽章)이 휘날리고 있소
고향엔 연어처럼 어머니가 둥둥 떠다니고 있소
아니 바람 같은 아이가 어머니를 찾고 있소

※ 공의식 선생님 『시인의 바다』는 당신을 영원히 기억하겠습니다.

## 시작노트

올여름은 무척 더웠다

허물어지면서 육신의 마디가 모래밭처럼 서걱거리는데

그동안 너무 써먹어 낡고 연식이 깊으니 고치며 살 수밖에

행동을 멈추니 고요가 보였다

桂響 곽정순

현대문학사조 수필 부문 등단

한국바다문인협회 회원

수지문학회 정회원

공저 『내 허락 없인 아프지마』 외 동인지 다수 출간

# 그 여름의 사랑 외 4편

桂響 곽 정 순

환호성으로 일시에
숲속 매미가 소리친다
글쎄  칠 년이라오
땅 구멍이 뱀 나온 줄 놀라겠네
며칠을 살아도 청춘인데
사랑도 하고
행복도 찾으려고 하니
즐거운 노래를 한껏 부를 수밖에
목청도 뙤약볕을 뚫고 더위는 기승을 떨지
올해는 노랫소리가 유난하다고
저들은 귀찮다 하니
뭘 모르고 하는 소리요
고목에 매달려 허물을 걷어내고
몸뚱이 탈각(脫殼) 해탈했네

# 사색에 붙임

말 많음으로 실수하기 때문에
말 없음
그 속에 공존하는 고요를 난 좋아한다

## 젊은 방황

언제부턴가
넌 돌아갈 집이 없다
우리의 집단은 까닭이란 허구의 병
현실은 물질 위주의 허세에 잠겨있어
극으로 치닫는 중
암울을 감추고
뒤안길 비춰 안간힘을 써 보는
청춘이란 이름과 꿈을 잃은
한 세기의 어둠의 벽
독감보다 더 독한 세균전쟁은 끝나지 않았다
세상은 넓고 크지만
빠르며 복잡해져
북적이는 수많은 욕구들로
탐욕을 토할 때
암울한 좌절이 정신을 갉아내어
사건과 마주칠 때마다
무지한 선택과 함께 단죄하게 된다
한계가 없는 용기가 있다면
그것은 인간의 삶이리라

끝없는 갈망이 있으면 그것은 감성의 욕구이며
충전돼야만 근육의 탄력을 갖춘 것이다
뼈대도 튼튼하고 순환이 잘 이루어지는 핏줄은
막힘이 없어야 건강하다
세상이 녹록지 않다고 해서 도리를 저버리며
잘못 꿰어진 단춧구멍의 마지막을 무엇으로 채워 넣을까?
성숙한 젊음은
나이 든 어른의 침묵이 감동할 때
우리는 넓은 세상에 나아갈 길이 열린다
황톳길에 삽자루를 잡고 업장을 닦는 마음으로 살자
풍족한 세상에서 더 화려하고 배부른 욕심은 자신을 병들게 하므로
현재의 상황에 맞는 내 생활 습관을 수평에 그려 넣고 정체성의 신념과 진로 탐색에
부족함 없는 힘을 키워내 보자

# 독선의 부메랑

젊은 시절엔 알지 못했다
의미를 잊은 행동에는
가치적 절제의 통제력이 필요했다
어린 강아지에게 공을 던지고 노는
단순한 재미로 여기며
나태한 삶 이면에 비친 진정한 모습을 외면했다
참지 못한 분노로 쳐 뱉은 말들이 술잔에 희석되며 마비된 채로
업보의 끈질긴 후회가
언젠가는 돌아오리라는 것을
인생의 한 획을 넘기며 알게 된 진실
가증스런 늦깎이 조각을 맞춰가며
건강한 삶이 좀먹고 뚫어지고 있다는 것을 감지하지 못하여
고고한 내면의 욕구만 채우려 갈망했다
배척자에게 쏟아낸 비틀린 언어들이 도돌이표에 부딪혀 돌아올 땐
그 한마디의 파급 효과는 크고 깊다
식빵의 뚫어진 구멍 사이에 무너지고 있는 육신의 업보를 보았다
침샘이 마르며 목구멍은 제구실을 못 하고
핏속에 녹아든 유기체의 존재가 괴롭히고 있다
독선으로 녹여낸 험담이 내장에 붙어 느글대고

단내를 풍기는 헬리코박터의 끈질긴 생존 본능으로 위험을 감수해야 한다

근육이 무너진 자리에 맥없이 풀썩 주저앉은 낡은 조각들이 세월 깊은 억장이 전해진다

# 도시의 한가운데에

망망한 벌판에서 갈증하며
허기진 이리를 찾아
외로운 사수마냥 정처 없이 떠도는
길 위의 인생
발길 닿아 떠나는
장돌뱅이의 삶은 여전히 보채고
갈증으로 비틀린 육신의 핏기없는 살갗이
널브러진 좌판에 앉아
엷은 그늘 아래 부채질하며
부와 빈곤은 지혜의 결과임을 일깨운다

매미는 우렁차게 가로수를 사수했다
끈질긴 것은
잃어버리지 않는 결과물이 될 것이고
호랑말코의 난도질에 지레 겁먹을 필요는 없다
복잡하고 질서 있는 도시의 당당한 위엄 앞에
무뎌진 날들의 낡은 것은 벗어던지고
숙살지기 계절에 추수를 기원하며
용화세계의 기도로 축원해 본다

# 시작노트

2021년 감사의 해로 정했습니다

살아온 날 어려운 일 많았지만

감사한 일이 더 많았답니다

저를 위해 기도해 주시고 응원해 주시는 모든 분께 감사 인사드립니다

## 김복녀

충북 옥천 출생

월간 『문학세계』 시 부문, 수필 부문 등단

한국문인협회 회원

한국바다문인협회 회원

시의 전당 회원

공저 『망초꽃 사랑놀이』(시인의 바다 제18집) 외 다수

『전당문학』 창간호(2020년) 시, 수필

# 머잖다[2월] 외 7편

김 복 녀

눈꽃 핀 겨울나무
동녘 해 찾아들면

만물은 심호흡 속
새 생명 품을 준비

한파에 거센 눈보라
봄을 여는 춤사위

## 다시 냉이꽃[3월]

간결한 화음으로 흐르는 시냇물
자리다툼에 나선 여린 새싹

춘삼월 끌어올린
작은 눈 뜬 파릇한 가슴의 나무

창을 여는 마음의 시간은
숙성되는 나잇살로 채워지고

봄 내음 가득 실린 식탁엔
유년의 뜰 부메랑 되어 다가온다

# 봄녘[4월]

숨을 고르던 겨울이
조바심으로 뛰어나갔다

빗살 걸어둔 문틈 사이로
생긋 얼굴 내밀며

사뿐사뿐한 걸음으로
춤추며 오고 있는 봄

손님맞이 등 걸듯 가로수에
하나 두울 사랑 걸어 놓는다

# 마음 머무는 곳에[5월]

뜨거운 바람이 일었다
어느새 물러난 어둠
해마다 경쟁하는 담쟁이와
자연스럽게 공생하는 오뉴월

책을 펼친다
아이의 눈은 호기심에 빛나고
억만년 전 티라노사우루스 튀어나와
동심 흔들어 놓고 자리 잡았다

신록이 펼쳐진 길을 걷는다
죽마고우 친구들과 뛰놀던 동산
기억의 파편 하나둘 불려 나오니
귀에 걸린 깔깔대는 웃음소리

흐드러질 듯 피어나는 봄
향기는 사람의 마음을 기웃거리고
햇살에 익어가는 시간 담으니
마음에 머무는 그대 좋아라

# 생각에 미치다[6월]

유월의 원망 들린다
나 태어나기 조금 전
총칼에 힘없이 쓰러져가던
민초들의 피눈물 섞인 울음소리

유린된 주권과 인권
웃음기 사라진 초록의 산야엔
끝나지 않은 통곡 소리가
흩어져 떠돌고

유월의 초록빛엔
그날 흥건한
피비린내와 통한의 가슴앓이가
새겨져 있다

우리 사는 아름다운 곳
피 흘림의 고통과 죽음으로 세워진 나라
오늘 그대와 난
그 희생 위에서 축제의 생을 살고 있다

# 청산(靑山)을 품에[7월]

커다란 택배가 도착했다
무게도 없는 무색 무향의 선물
칠월 첫날

벌써…

유월이는 어디로 갔을까
악수할 틈도 없이 눈인사만 건넸는데
창을 연다

가슴 가득 피어난 살가움에
아침 볕이 스며든다

출발하자
그대 살아갈 삶의 뜰에 주인공이니
꺾이지 않을 삶의 마당으로

빛나는 칠월의 초록 속엔
우울함도 상실감도 없다

아~ 내 사랑하는 이여
소중한 사람이여 하늘이 열렸다

# 폭염 속에서[8월]

타오르는 볕을 지고 길을 걷는다
동공 확장된 미세한 떨림
애락(愛樂)이 살아 있음이다

이 꽃 저 꽃 들꽃의 이름
다 기억해 내지 못해도
날 위한 춤사위
여름날을 깊은 향기로 채워준다

나비 한 마리
곁에 사뿐히 앉으니
무더위 사랑놀이에
활짝 웃는 모습 예뻐라

어제도 오늘도
널 보는 아름다운 시간
오늘을 살고 내일을 기다린다

아득할 그리움 켜켜이 재워둔다

# 끈, 이어지다[9월]

여름 잘 보내셨지요
시끌벅적이던 여름의 언저리에서
성큼 다가온 가을이 인사합니다
저도 잘 지내고 있어요

구릿빛 피부를 가졌던
어여쁜 친구를 그려보면서
여름의 민낯이 시냇물 속을 거닐고
봉숭아 꽃물들이며
8월 뙤약볕에 뜨겁게 달궈진 아스팔트를 걷던 무덥던 여름
고향의 뜰이 얼마나 아름다웠는지를
생각하면서

지금의 삶도 좋습니다
살아있는 건 축복이니까
감사를 더합니다
참 아름다운 세상에서
좋은 이들과 오늘을 함께 합니다

## 시작노트

그리움이 있는 삶은

그래도

행복하다 할 수 있을 거야

이렇게 가을 맞머리에 앉아 가슴으로 보듬을 수 있으니...

# 石蒜 김영태

서울 출생, 경기도 평택시 거주

2016년 행시조 전국 백일장 국회의원 표창 수상

2018년 행시조 전국 백일장 국회의원 표창 수상

계간 『한행문학』 정회원

한국바다문인협회 회원

한국문학 대표시선 4 발표

공저 『고운글 문학』(1~4호) 『시인의 바다』 외 다수

# 또 가을이... 외 7편

石蒜 김 영 태

찌푸린 구름 너머
저만큼 멀리
연푸른 하늘빛이
눈에 들어와
모처럼 푸르름에
하늘 느끼려
빛바랜 벤치 위에
걸터앉으니
물든 잎새 하나
소리도 없이
살며시 내 곁으로
기대앉는다

찌들은 시간 속에
잡지 못했던
먼 날의 추억들은
향기가 되어
이렇게
가을 속에 맴만 도는데...

# 겨울 아침

어둠에 찌들었던
하늘길 따라
여명은 회색으로
물이 들더니
아침이 스멀스멀
피어오르며
빛바랜 작은 창에
맴을 도는데

때 묻은 추억들을
뒤적거리며
혹여나 남아있을
그대 향기를
찾아보는 눈길엔
그리움 만이
하얗게
또 하얗게 쌓이고 말아...

# 동백

고요가 스며든
별빛을 얹고
하얀 눈 뜨락 가득
쌓여 있는데
어제의 고운 향기
창가에 걸고
내 마음 덧대이니
피는 미소에
오롯한 추억들은
그날이 되고
여명이 스민 창에
여울로 진다

동백의 꽃술 위로
노을빛 걸고
눈 맞춤
하던 날은 가고 없어도…

# 봄 기다림

희뿌연 기다림에
야윈 맘으로
새하얀 성에꽃에
눈 맞춤하고
조각난 햇살 끼고
산기슭 돌면
발끝에 묻어나는
여린 향기가
살가운 그 미소에
흐드러진다

봄바람 스며든
버들강아지
하늘을 품어 안은
개여울 따라
그날의
웃음소리 들릴듯한데...

# 봄 향기(홍천초)

어스름 시간 속에
집어진
네 향기가
메마른 이 가슴에 촉촉이 스며들어
떨리는 손끝으로
꽃잎을
만져본다

그렇게 곱게 물든
수줍은
그 모습에
차마 입맞춤을 하지도 못하고서
살며시 비켜서서
아침을
맞이한다

부드런
바람결에 봄 햇살 얹어 가며...

# 연꽃 연정

새벽을
돌고 돌아 달려 온 길섶에서
숨 가쁜 손끝으로
추억을
더듬으니

그날의 흔적인 양
연꽃은 피었는데

초롬한 그 미소는 바람에 흩날리고
는개가 소리 없이 가슴을 적시누나

내 안에
머물렀던 모습을 꺼내어서
꽃잎에 얹어놓고
렌즈에
눈 맞추니

멀어진 향기들이
어리어 글썽거려...

# 초하의 밤(사모곡)

어둠이 고요함을
적시어
침묵하며

창에다
내린 별빛 수없이 그리는데

깊어진 그리움에
이 밤을
지새우며

젖어 든
눈시울로 추억에 덧칠해도

곱다란 그 미소에
향기를
못 얹으니

여명은
돌아앉아 이슬만 흩뿌린다

# 갈무리

이 아침 여울 속에
빗방울 흩날리면
길섶에
멈춰서서 하늘을 바라본다

내 안에 너를 담고
그렇게 가야만 할
혼자의
길이라면 말없이 가야겠지

힘없이 붙잡았던
인연의 끝자락을
살며시
노을 속에 적시어 놓아주며

어차피 만남이란
이별의 시작인걸
이 가슴
한구석에 갈무리 해야겠지…

# 시작노트

한밤중 집으로 돌아오는 길
안도감을 주는 버스정류장의 불빛처럼
내릴 곳을 모를 때도
기다려주는 이 없어도
그 누구도 마다하지 않고
지금 어디쯤인지 알려주는 버스정류장처럼
시 속에서
나는 언제든 새로운 출발을 한다

# 김옥영

한국바다문인협회 회원

문학의 숲 회원

동인지 『망초꽃 사랑놀이』 외

# 꽃길을 걷다 외 5편

김 옥 영

멀리 보이는 벚꽃 길은 완벽하다
구름 같은 꽃 무리 헤치며
향기에 파묻혀 나는 듯
마음은 이미 꽃 무리 속 꽃송이

가까워진 꽃
거리를 유지하고 피어있는 그들
덩그러니 뻘쭘한 몸뚱이
꽃그늘엔 도저히 숨어지지 않는다

새초롬하게 선 그들
휴대폰 사각 틀 속에 가두며 조작한다
그에게 보낸 메시지 속 나는
완벽한 꽃길 꽃 무리 속 활짝 핀 꽃이다

# 다시 없을 그때

빛나는 5월의 유혹
산책을 나섰다

아카시아꽃
달큰하고 찐득하게 향기로 진을 쳐 가둬 놓고 있다
숨을 참고 받아들일 준비를 해야 할 만큼 아찔하다
꿀통 속에 빠진 벌도 이럴까
비록 몇 걸음 지나치면 그만이지만
이 아찔함은 뇌 속 깊이 박혀
5월이 오면 아카시아를 찾을 것이다
다시 없을 지금을
첫사랑 그것처럼

# 가난한 나비

휘청이는 모습이 쓰러질 듯 아슬하다
나비 한 마리 자맥질하듯 숨 가쁘게 날고 있다
꽃자리에 잠시 앉았다 머뭇대는 날갯짓
봄부터 시작된 잦은 비로 꿀이 없어
빈 젖같은 꽃을 쫓다 갈 곳을 잃었나보다

현관문을 미는 남편의 뒷모습
처진 어깨를 돌려세우고
갈 데 없으면 그냥 있어요 소리가 목에 걸려
어지럽게 닫힌 문을 쏘아보다
식은 밥상을 치운 아침

나비야 고단하지
그냥 잠시 쉬어
지금 어디로 가야 할지 몰라도 괜찮아
괜찮아 다 괜찮아질 거야

# 개성만둣국

올해도 어김없이 차례상에 만둣국이 올랐다

며칠 전부터 짱돌로 눌러 물기 빼서 다진 배추김치 물기 꼭 짠 으깬 두부 곱게 다져 소금 후추로 밑간한 돼지 살짝 데쳐 다진 숙주 삶아 잘게 자른 당면 잘게 다진 부추 당근 양파 참기름 깨소금 달걀 그리고 약간의 고춧가루를 버무려 꾹꾹 눌러 놓았던 만두소 밀가루 반죽 밀대를 밀어가며 피를 만들어 사람 머리라고 하는 모양으로 소를 미어져라 넣고 꼭꼭 여미어 찜통에 올려 찐다 불에 올린 지 20분 찜통을 바꿔가며 찌다 보면 물속 같은 집안 창문은 죄다 줄줄 울고 있다 고향이 개성인 어머니는 만두를 만드시며 두고 온 동무와 뛰놀고 계신가보다 밀대를 밀다 들어 올린 눈빛에 장난기 어린 어린아이가 웃으며 옛이야기 하신다 그렇게 차례를 지내고 퉁퉁 부른 만둣국을 정작 어머닌 못드신다 심장 어디쯤 가끔씩 복통을 일으키는 짱돌 식은 땀과 앓는 소리가 절로 날만큼 기진맥진 쓰러져 있지만 생으로 견뎌내신다 지나가면 다 괜찮아진다고 살다 보면 잊혀진다고

아무래도 우리에겐 차마 못다한 이야기가 있나보다

# 멍석딸기

밭매러 가자며 호미 두 개 쥐여 주고
논둑 밭둑 지름길로 한참을 가로질러
뻐꾸기 울음 아득히 멀어지니
엄마의 발걸음이 나풀거린다

고된 시집살이에 숨 한번 쉴 새 없이
허연 낯빛이던 엄마는
하늘이 유난히 파랗던
산딸기 빨갛게 보석처럼 반짝이던 날
딸을 앞장세워 수수밭을 매러 갔다

한동안 손이 가지 않았던 밭두덕
뒤엉킨 가시넝쿨 빨갛게 산딸기 익어있다
밭고랑 사이사이 쇠비름 캐내며
말문을 닫았던 딸내미 손짓으로
질경이 쇠뜨기 개망초 달맞이 오동나무
이름을 물으며
엄마 목소리에 귀를 기울인다

묵은 고추장에 박아놨던 마늘종 장아찌와
찬밥이 전부인 도시락 옆에
빨갛게 익은 산딸기 펼쳐놓고
마주 보며 먹는 늦은 점심
엄마가 외딴집 우물에서 물을 퍼오는 동안
가시에 찔리며 산딸기 앞자락에 모았다
멍석딸기라고 알려주는 엄마의 볼이 붉다

산딸기도 다 같은 그냥 산딸기가 아니라
생김에 따라 제 이름이 있음을 알게 되었다

# 산수유

나무에서 떨어져야
봄을 맞이할 수 있을 텐데
홀쭉해져 비틀어져도 버티는 이유가
기다려야 할 누가 있는 거니

지난봄 늦장을 부리며 눌러앉은 겨울바람이
책가방 멘 오동통 오른 볼도 벌겋게 트여놓을 때
아기 입술보다 여린 꽃잎 튀어놓고 눈짓 바쁘더니
아무도 모르게 품고 있더구나
눈물방울 같은 씨앗
누가 볼세라 얼마나 보듬었는지
두 계절을 보내고도 그만그만하던데
좁쌀보다 작은 몸에서 이만큼도 네겐 벅찼겠지
잎이 노랗게 질리도록
그리 뜸을 들이며 색을 들였는지
가을도 견디지 못하고 말라가는 좀 늦다 싶은 그때
보란 듯 내놓은 선홍빛
터진 볼때기보다 앙증맞아
한눈에 들어오긴 했어

점점 더 거세질 냉혹한 칼바람 어찌 견딜까
이젠 다음 생을 기약할 수 없는 거니
더 늦기 전에 놓으렴
서릿발에 땅마저 문을 닫기 전에

시작노트

가을이면

나는 고독한 방랑자가 된다

대잠자리 왕망울

계절을 스캔하고 나면

아직

덜 마른 시심(詩心)

방랑 열차에 태워

함께 떠나련다.

# 김 용 욱

한국바다문인협회 회원

## 쉼표 외 6편

김 용 욱

와인 한 잔의 피돌기로
잠시 영혼을 띄워놓고
지친 심장에 포근한 솜털 덮어
길몽을 재워보자

시계추에 얽힌 보따리 사연을
온천에 홀라당 풀어보면
16분 쉼표라도 그 느낌
알지고 기름진 점이리

# 꿀꿀이 사랑법

사랑하는
시간은
정하지 않았다

새벽
대낮
한밤중에도

시시때때
시끄럽게 깨워야 한다
잊어버릴까 봐

# 거진항

밀려오는
줄기찬 파도의 포말들
호시절 명태 향수에 담아

제비 따라 38선을 넘어 온
팔순 노인의 걸진 입담까지도
통으로 말아버린 거진항

연륜을 삼키며 흥정하는 울림들
머구리 난전에 생기로 펄떡이고
짭짤한 돈 한 장 한 장 떼는 여유로

통천 사투리 한 큰술 머금은 도치 알들
아리랑 고개 너머 국물에 터져 나올 쯤
여정의 피로는 이미 소화되고 있었다

# 간판 청춘

그리움 애타게 부르다 못한
미련한 흐느낌

긴 세월 곱게 삭아온 목울대 간판에 걸고
취한 정열 세워가는 흥꾼이 되어

절절한 사연 가득한 통기타 울림통에
녹아가는 정들 가슴 열고 비벼대는데

절실한 본향 어디인가
너를 불러 세운 건

참말로 가려운 시절
여기 걸려있기 때문이야

# 애송이

곳간 가득
꼬다 만 새끼줄

이제나저제나 탓만 하다
가마니는 언제 짤랑가

해 묵은 숫돌 닳은 흔적은 없고
애꿎은 술잔에 혼만 담그니

그나마 있는 욕심
풀어 널어질까나

# 봄에게

훈풍에 돛 달고
물길 젓는 사공아

뚝방에 박혀있는
저 말뚝 뽑아가소

자네 닮은 노란 미소만
보고 싶은데

거머리 같은 그리움
품고 살란 말이오

# 친구에게

앞이 보이지 않은 칠흑의 밤에도
하얀 뭉게구름은 그대로니라

짙은 비구름 위
해는 늘 화창하노라

주목은 천년의 시련을 이기고 살기에
죽어서도 천년을 내공으로 살고

북풍한설을 기꺼이 즐기는 꽃일수록
진한 향 뿜는다는데

이 큰 태풍 지나거든
잔잔한 네 물길로 꽃 배 띄우거라

손수건 흠뻑 적실 고비가 운명이라면
그 운명 쪼개서라도 환대하거라

패인 생채기엔
새살 오름이 진리일 테니

## 시작노트

아름다운 삶의 숲에서
갖가지 소리 나는 생명을 만나는 것은
그 어떤 마주함보다 생기가 돋는 일입니다
조금 더 가까이 조금 더 깊이
열 여덟의 낮은 음계로 부르는 바다의 노래
넘치는 축복입니다

# 남여울

월간 『문학세계』 등단
한국문인협회 회원
한국바다문인협회 회원
시인의 바다 카페지기
한국바다문인협회 부회장
공저 『망초꽃 사랑놀이』 외 다수

# 어느 봄날 외 7편

남 여 울

안개 속을 뒤척이던 밤을 지나
찾아온 아침은 너무도 찬란했다 순간,
빛이 떠들어대기 시작했다

생명 있는 모든 것들이
입을 열어 드러내기를 종용했고
비밀한 것들이
빛의 수런거림 속으로 합류했다

속살을 보이지 않으려
앙다문 입술 사이로 목련이 떨었고
하늘엔 꽃이 폭죽처럼 터지고 있었다

# 코스모스

해 저문 들녘 사르락 사르락
가을의 이별 소리
기나긴 여름 지친 나그네 발길 바쁜데
기다림에 겨운 허리
살랑이는 미소로 삭혀 안고
마지막 길손 기다려 서성이네

마침내 먼 길 돌아온 소슬바람
달님 되어 입 맞추니
우주를 잉태하여 대지 속으로 스민다

# 묵향(墨香)

화려한 이름 없어도 좋으리
마음에 두둥실 배 한 척 띄워놓고
사랑을 부르리
그리움을 안으리

붓끝에 피어난 꽃, 향이 있으랴만
이름 없는 들풀에 기다림 일러주는
한 방울 이슬이면 좋으리
하루를 곱게 물들인 노을이면 더욱 좋으리

지천의 아름다운 꽃
짙은 향 흩뿌려 진동하니
마음에 핀 작은 노래는
바람만 들어도 좋으리

# 가을 편지

살찐 고독
튀어나올 듯 혀를 내밀고
밤에도 멈추지 못하는 강물
그리움을 닮았습니다

밤이 시려 홀로 산을 넘는 갈대
따뜻한 온기 담아
잘 가라 서럽지 마라 당부하여 보냈더니
아침이 되기 전 되돌아온 편지
수취인 불명

# 독(獨)

무엇이 홀로 있게 하느냐
무상무념 길 잡혀
없는 마음 찾으려느냐

발 없고 눈 없는 마음
어이 오라고
거기 뉘 있어 홀로 섰느냐
백발은 지름길로 오는데

# 시월 프롤로그

시월의 화선지엔 하나둘 색조가 들어서고
기다림은 탱글탱글 열매로 고인다

바람과 비를 어르던 치열했던 여름
토실히 살찌워 낸 시월은 얼마나 근사한가

푸르던 들판 백과로 골목은 달마중으로 들썩이는데
불 꺼진 창 지키러 오가지 못하는 바람
홀로 그네를 탄다

# 마음 여행

더딘 세월에 조바심 널어놓던 언덕에 올라
하얗게 돋아난 귀밑머리에 피식
웃음 흘려도 좋은 날
흘러간 노래 길 잡혀 여행을 떠난다

울적한 심사 아랑곳없이
햇빛은 자지러지게 밝아서
풀썩거리던 눈물을 말려 주었지
가난은 죄가 아니라 불편한 것뿐이라고
억지 부리며 허허 웃던 오만이
하루치 양분이었던 날들

세상 잣대에 성큼 올라서지 못했어도
삶의 가장자리에서 다독여 주던 빛 눈부시다
오늘도

# 갈대

생각 없이 길을 나섰네
부드러운 바람이
꼬깃꼬깃 접어둔 강을 펼쳐
화석이 되어 버린 말들을
스르르 풀어 놓네

점(點)이었다가
선(線)이었다가
끝내 가버렸는데
뉘 들으라 서걱이는가
갈대여

# 시작노트

봄에는 봄 대로

여름에는 여름 대로

가을에는 가을 대로

겨울에는 겨울 대로

무언가 다가올 듯하다가

떠나버리는 허전함이 늘 있는데

지금도 그렇다

# 류상근

충남 연기군 전의면 출생
한국바다문인협회 회원
대전 동구청 근무

# 가을에 외 7편

류 상 근

감, 밤, 대추의 즐거운 웃음소리
뜨거운 폭염과 장마
폭우와 태풍과 번개를 스펀지처럼 흡수하며
흔들림 없이 제 갈 길 가고 있는 자의 여유
가을 햇볕의 미소가 그 속으로 스며들고 있다
데일 듯 뜨거웠던 모든 날들이
장맛비 내리는 모든 날들이
만들어낸 세계는 황홀하다
한 움큼도 안 되는 내 삶의 날들이 부끄럽기 짝이 없다

폭포수처럼 쏟아지는 빛의 오케스트라에
잠자고 있던 귀를 쫑긋 세우고
둘러보니 허수아비도 제자리에서 할 일을 하고 있다
열도 없고 단 한 번의 쿨럭임도 없다
할 말이 많은 듯한데 미소만 짓고 있다
너와 나는 서로의 얼굴을 바라보며 하고 싶은 말이 많지만
깊이를 모를 침묵 앞에서 침묵하고
고개를 숙일 때
가을의 박장대소는 마음 한쪽을 뚫고나와 울려 퍼지고 있다

# 침대에 누워 이별하다

나는 지금 침대에 누워 있다
머릿속에서 어떤 세계가 지나가고 있다
어제와 오늘의 세계가 같은 듯한데 다르다
눈을 떴을 때의 세계와
눈을 감았을 때의 세계도 같은 듯한데 다르다
아무리 바라본들
눈으로 보는 세계는 왜 내 머릿속을 지나가고 있을까
아무리 생각해본들
찾을 수 없는 세계는 왜 내 머릿속을 지나가고 있을까
침대에서 내려와 창문을 연다
깜깜한 세계가 펼쳐져 있고 하늘 별자리는 흐릿하다
생각하고 또 생각해보지만
쉬이 찾을 수 없는 이런 세계 저런 세계를 생각만 할 뿐이다
너를 생각하며 펼쳐지는 파노라마의 세계는
더욱 선명해진다
다시 침대로 돌아와 누워 있고
지금 새로운  세계가 펼쳐지며 내 머릿속을 지나가고 있다

# 갈대는

눈을 감고 생각에 잠겨 있다
가장 더러운 것들이 물결을 타고 흘러와 모이는 곳
불평도 불만도 늘어놓지 않는다
이따금 찾아오는 바람과 반가운 몸짓을 할 뿐
남몰래 어느 구석에서 오줌을 싸고 똥을 싸는 사람들
어딘가에서 손을 씻고 발을 씻고 물을 마신다
변명 말고 무슨 말이 그리 많을까
그 흔들림의 깊이도 모르면서
갈대를 나약하다고 비웃는 사람들
방금
눈을 떴다
그는 인생을 강의하고 있다

# 제자리

왼쪽으로 가면 왼쪽으로 길이 갈라지고
오른쪽으로 가면 오른쪽으로 길이 갈라진다
원래의 자리로 돌아가려 했으나 갈라지고 있었다
버드나무 뒤에 숨어보았지만
산발한 채 뒤틀리며 사정없이 출렁인다
피할 수 있는 길이 없음을 깨달았을 때
무관심한 듯
눈을 감고 순응할 수밖에 없었다
그 순간 바람이 멈추었고
이리저리 갈라지던 길이
제자리로 돌아오고 있었으나
갈 길 잃은 발걸음은 천근만근이다

# 대답

목소리만 듣고 싶었다
안부만 묻고 싶었다
돌아서면, 당신은 밤꽃 향기로 찾아온다
아무렇지 않은 척
대답은 중요하지 않은 척
거울에 비춰진 초라한 내 모습
돌아온 당신의 체취로
시들었던 감각에 생명이 돋아나고
숨어 있던
밤
별의 향기가
어둠 속에서 들려 오고 있다

# 잃어버리는 것들

흘러가는 시냇물에 무언가를 떠나보내고 있다
반복되는 흘려보내는 일
매일 흘려보내고 있으나
끊임이 없다
바다로 흘러가서 어디까지 갈까
쉼 없이 밀려오고 밀려가는 파도가
은빛 비늘이
파랗게 노랗게 빨갛게 까맣게 변해갈 것이고
소금에 녹아 흔적도 없이 사라지는 일이
끊임이 없다

내일은 또 무엇을 흘려보내게 될까

# 꿈 속에서

나는 걸어가고 있었고 한 사람이 앞에서 걸어오고 있다
어디로 가고 있는지 생각이 잘 나지 않았다
마주 오고 있는 사람이 가는 길로 가야 하는지
횡단보도를 건너가고 있는데 건너오는 사람이 있다
나는 반대쪽으로 건너가고 있는 게 맞는지 되돌아가야 하는지
하늘을 쳐다보니 아무것도 없다
손을 들어 무언가를 잡아보려고 하지만 손에 만져지는 것이 없다
길 한 가운데 서서 동서남북 둘러보아도 딱히 눈에 들어오는 게 없다
가만히 자리에 앉아 둘러보고 돌아보고 앞을 보고 또 보아도 마찬가지다
언제나 다니던 길인데 낯설게만 느껴진다
파도 소리가 들려오고 비릿한 냄새가 풍겨오는 걸 보면 부둣가인가 어시장인가 하는 데
고사리 냄새와 냉이 냄새 도라지 냄새 더덕 냄새도 나는 것을 보니 산속인 듯도 하다
걸어온 길이 이 길이었는지 저 길이었는지
늘 갈림길이었다
주머니를 뒤져 나침반을 꺼냈지만 어디로 가라고 하는지는 명확하지 않다
가던 길을 그대로 가는 수밖에 없는 듯하다

# 못 본 척

오늘은 목적이 있었나 돌아보니
흔적을 찾을 수가 없다
어제도 목적은 없었나 보다
바로 그때
어디선가 바람이 불어왔다
떠나가고 있는가 했는데
되돌아와 작심한 듯 강하게 밀어낼 때
쌓여 있던 낙엽이 공중으로 흩어지고 있다
그만 좀 불라고 소리도 쳐보고 무릎도 꿇어 보았다
해볼 수 있는 모든 것을 해보았지만
귀를 틀어막은 것인지
듣고도 못 들은 척 하는 것인지
바람과 낙엽이 모두 떠난 자리에
슬리퍼 한 짝이 울고 있다
성난 바람이 신고 왔다 잃어버린 것인지
밤사이 내린 하얀 눈이 민망한 모습을 감춰주었고
빛을 감춘 태양이 숨을 죽이고 숨은 자리에
푸른 노을이 펄러이고 있다

## 시작노트

바람이 놀던 자리에

찻잔을 놓는다

시 한 편을 쓰다가 울컥 하늘을 본다

구름도 덩달아 황홀한 노을을 그리며

남은 시간을 진실하게 태운다

가버린 시간  시처럼 살지

못함이 못내 아쉽다

시가 그리워 시를 찾고

시가 보고 싶어 시를 쓴다

# 방혜숙

아산 출생
한국바다문인협회 회원
백제문학문인협회 대전지회장
대전시마을문인협회 감사
윤동주시낭송협회 회원
한국낭송문학협회 회원
공저 『너에게로 가는길』 『망초꽃 사랑놀이』 외 다수

# 사랑초 외 7편

방 혜 숙

무성한 잎 사이로
여린 얼굴
고운 햇살 받아
이른 아침 벙긋 웃었네

곱다시 웃는 꽃잎
그녀를 부르고
차 한잔 진하게 부르네
지그시 입을 여는
수줍은 꽃잎
맑은 마음 차분하여라
은은한 엷은 미소
닮고 싶어라

# 남은 가을

여름을 홀로 넘어
모래알 같은 고단한 추억들이
태고의 음향으로 들려 온다
배신을 모르는 낙엽
노란 실루엣을 온몸에 걸치고
가을이란 이름으로 여름을 건넜다

여름에 실린 더운 애달픔
가을 천연색으로 덧칠해 줄 넉넉함
하늘을 태워 가며 만들어낸 계절이
목마른 백일홍의 꽃잎을 떨구어 낸다
어두운 밤에 쏟아지는 별들의 소란함들
이러한 것들을 싣고
가을이 온다는 진통으로 삐걱거린다
한줄기 무서운 소낙비에
독백을 태운 미련이 씻겨지듯
삶의 굴렁쇠로 막혔던 진득한 여운들
한낮의 뜨거운 햇살로 지져가며
남은 가을 익어가리라

# 모기

방충망 넘보다
잠시 집주인 행세를 하는 놈
잠시 궁궐 인생으로 착각
눈에 뵈는 게 없다
피를 찾아 부질없이 나선 황망한 밤
발정난 사내처럼
신경 곧추 세우고
만만한 키스로
배가 터지도록 피 맛을 보는 놈

짧은 운명의 시간
속죄의 마지막 유언도 토하지 못한 채
다시는 오지 못할 황천길로 가버렸다
피를 토하고 억울하게 갔지만
끝까지 흔적을 남긴 독한 놈
도화색 살갗은 부어오르고
독소로 입맞춘 자리 벅벅 긁어대니
저만치 달아난 잠이 속상타 하네

# 눈 위의 세 여자

하얀 눈처럼
살고 싶다며
눈처럼 웃고 있는 세 여자
눈 사랑하는 마음
하나로 버무려진 기쁨이다
눈처럼 살다가
눈처럼 가고 싶다는 여자들
겉과 속이 하얗게
살고 싶은 희망을 꿈꾼다
눈처럼 사라질 짧은 세월
눈 위에
하얀 웃음 굴려 가며
천사들이 뿌려 놓은 하얀 미소
꽃가루에 도란도란
눈꽃처럼 하얗고 맑게 늙어 봅세

# 시누이의 사랑

봄이 지나가고
여름이 오는 길목
폭염의 여름을 미리 준비하듯
악몽의 시간은 다가오고 있었다
곡기는 넘어가지 않고
죽음까지도 생각케 하는 현실
어떻게든 먹여보려고
간절히 기도하며 음식을
만드셨을 고마우신 형님
기가 막힌 눈물만 볼을 타고 흐른다
몇 숟가락 간신히 넘겨 보려 하지만
이내 토하고 마는 나에게
괜찮아 울지마 하시던 형님
가슴 뜨거운 탄식
내일은 기적이 일어나기만을
간절한 소원과 염원의 몸부림
어느 누가 시누이를 매섭다 했던가
엄마같은 또 한사람의 사랑 영원하여라

# 한 점 바람

한 점 남은
작은 바람
팔랑거리는 시간
잎새 떨군
빈 가지에
앙상한 그리움 하나
등 뒤를 타고 가는
가난한 침묵

바람은
가고 싶은 곳으로 갔다
지나간 세월이
훔친 시간까지 버티고 있다
어디까지 온 것일까
차분히 다가오는 또 하루
마지막 종점이라는 두려움

떨림으로 다가오는
작은 바람 앞에 내가 있다
사브작 사브작
바람 타고 가버린 세월
61년의 별꽃이 방금 지나갔네

# 내가 사랑하는 자여

향기로운 꽃밭에 이르러
한 떨기 꽃을 바라보는 자여
젊은 날 산기슭에 누워
미래를 약속했던 자여
포도나무를 심고
꽃을 피우고 열매를 먹었지
사랑을 먹고 취한다 했던 당신
꽃이 피고 새가 노래하는 동산
나는 당신을 찾고
당신은 나를 찾고

내 사랑하는 자여
빨리 달려
은밀한 곳에 숨어 있는
비둘기와 노루를 만나러 가보세
날이 저물어
이슬이 내리기 전
밤 그림자 다가오기 전
내 가슴 다 마르기 전
당신의 향기로 나를 숨 쉬게 하라
수선화 한 떨기 그 품에 안겨 깊이 잠들리라

# 0585호 승용차

버려야 되는 다 망가진 차
안이고 밖이고
더 이상 쓸 수 없어 버리게 된 차
그 차 번호는 0585였다
다 부서진 그 차는
어떤 집 앞에 놓여 있었다
그 망가진 차를 그 집 아들이 산다고 하여
아버지는 화가 많이 나 있다고 한다
아들은 무릎까지 꿇어가며 사정을 한단다
그 아들은 왜 그 차를 사고 싶어 하는 것일까
아들은 그 차를
오래전부터 알고 있었다
언젠가는 자기 것으로 만들고 싶었다
드디어 버리게 된 그 차를 그 아들은
제일 먼저 계약을 하고 말았던 것이다
그 차는 그렇게 그 아들 소유가 되고 말았다
그 아들은 지금도 여전히
그 차를 사랑하고 아끼며 살고 있을까

## 시작노트

시를 쓰고

퇴고(推敲)를 거듭한다

단순히

밀까 두드릴까 보다는

마음의 진정성을 찾는 일이다

거짓 마음은 아닌지

글 따로 속 따로는 아닌지

올해도

다음에 읽을 반성문 몇 장

적어 놓는다

# 안강로

충남 청양 출생
월간 『문학세계』 등단
現) 한국바다문인협회 회장
대전 탄방동에서 직화구이 연탄집 운영
공저 『망초꽃 사랑놀이』 외 다수

# 세월, 그대여 외 6편

안 강 로

펄펄 뛰댕길 땐
꽁시 끝에 찰싹 붙어
끙끙거리며 따라오던 그대가
퍽이나 안쓰러웠소
더딘 게 세월이구나

기둥 세월엔
앞은 보이지도 않고
오라지게 바쁘다는 핑계로
그대와 손이라도 한번 잡았을까
이 산 넘으면 또 저 산
그만 오를 꼭대기는 있는 것인지
볕뉘 쏟아지는 유월의 숲에서
오늘 나는 숨이 차오

그대여
어여 가자 어여 가자
엔간히 좀 하시오
아직은
따라갈 만하당께

# 겨울 나비, 꽃 춤을 추다

구름 앉은 호숫가에
물바람 한줄기
마지막 잎새가 춤을 춘다
아름드리 꺽다리도
허청허청 빈 그림자를 내디딘다

팔랑팔랑 놀면서
붉은 옷 한 벌 지었으니
한바탕 바람에 떼춤으로 놀세라
깍지를 풀고 손을 놓으니
미련마저도 부질이 없구나
사랑의 맨 끄트머리는
언제나 이별이라는 차가운 꽃
나비 한 마리가 춤을 춘다
겨울 나비가
너울너울 꽃 춤을 춘다

겨울 나비 꽃 춤에 호수는 붉디

# 거울 앞에서

물 빠진
개울가 둔턱
주름진 모래결처럼
거울에 비친
세월의 물때를 봅니다

푹 찍은
눅진한 크림으로
고랑을 채울수록
나를 빼닮은
아버지가 웃으십니다

몇날을 문지르면
아버지의 봄날을 볼 수 있을까
놀기 바쁘다고
고맙습니다
한마디도 못 했습니다

거울은
오늘을 보여주며
지난날을 읽어보라 말합니다

# 구름

모이면
비가 되고
흩어지면
하늘이 된다

내 삶도
구름을 닮아
살아서 비가 되고
죽어서 하늘이기를

# 눈 내리는 밤에

창밖에
눈이 내린다

한데에서 노느라
오들오들 떨다 오면
엄니의 따신 품속을 파고들 듯
들큼한 콧물을 훌쩍이며
단박에 달려들던 아랫목 이불 속
쌩한 바람에
문풍지는 울어대고
네모난 눈꼽재기창 밖으로
푸슬푸슬 성긴 눈발이 날리던 밤
길고 짧은 다리를 펴고는
발끝으로 일기를 쓰곤 했지
윗목을 지킨 화로에는
시든 알불 위로 잿눈이 소복하고
마실 다녀오시는 할아버지께
워낭 소리 딱 한번
울어주던 외양간 주인
긴 밤을 반쯤 자른 인사였지

백배는 더 커진 창 밖으로
눈이 내린다
할배가
오도카니 앉아 있다

# 봄을 빌리다

세월의 연체는
가파도 되고
마라도 된다고 했던가
제주의 섬에서
뭍으로 빌려준 바람에
땅거죽이 들썩인다

半島의 바위틈에서는
가냘픈 다리로
바람꽃이 춤을 추고
무너미고개에서는
얼음눈을 맨살로 삭이며
복수초가 환하게 웃고 있다

뭍은
어느새
봄을 빌려 쓰고 있다

# 하루가 저문다

해묵은 그루터기에 앉아
시름 한 자락을 깔아 놓으니
두리기둥 돌고 나온 솔바람이
슬며시 한 자락을 포갠다

해걸음도 지쳤는지 느리적
놀빛 도포 자락 산허리에 풀고
굽이도는 물길에 빨가니 구름 떼
물 바닥을 때리는 바쁜 물새 떼

이렇게 하루가 저문다

## 시작노트

"여기인가?"

늘 물으며 살아왔지

답을 찾기는 늘 어려웠지만 말이다

"여기인가?"

묵음처럼 독백처럼

꽤나 많이 던지며 살아왔을

"여기인가?"

오늘도 다시 묻는다

"여기 맞나?"

# 양 영 택

한국바다문인협회 회원
공저 『망초꽃 사랑놀이』 외 다수

# 제비꽃 외 6편

양 영 택

나부시
베꼽 인사
다소곳
수줍어라
도담도담
아기 새

# 십일월은

시월 예찬이
익어갈 무렵
신발 끈을 고쳐 매는 것이
십일월이다
가득 찬
댓돌이 비워지고
모두 돌아설 때에
행주치마를 훔치는 맏며느리
그렇게
그림자로 남는 것이
십일월이다
어금니가 빠져 달아난 잇몸
꽃잔치 끝낸 꽃받침인 것이
십일월이다
기억해주는 이 하나 없어도
야윈 두 다리 잰걸음으로
십이월을 마중하는 이
그가
저 십일월이다

# 도사리의 숨

호된
그 밤을 물리고
살아남은 자는
알 수 없는 행로에
다시 신발 끈을 고쳐맨다

푸석이 넘어지고
발길에 짓밟혀도
여문 놈은 남아
더 갈 것과 남겨질 것으로
각기 줄을 섰다

겸연쩍어 눈 감으려니
때맞추는 열차의 헛기침
출입문 닫겠습니다
출입문 닫습니다
도사리의 가쁜 숨소리가
이내 멀어져갔다

# 낙엽 일기

달뜨던
초록의 꿈은
다 지난 이야기
핏기 지운 얼굴엔
풍상 검버섯
다 놓고 가겠다는
파란의 유서

# 노숙

어느 무심한 자의 발길에 차여
비틀거리디가
하수구 틈새로 빠져들면
고된 여로의 끝을 보리라
빌기도 했다
난 이미 그렇게 지쳤다

금빛 찬란한 몸에
장정의 검붉은 핏줄처럼
힘껏 돋을새김된 내 이름
한 때엔
행여 나를 놓칠세라 잃을세라
걱정 많던 그들도 있었다

난 익숙해졌다
번잡한 도시 길바닥
얼어붙은 그곳에 널브러져
한 줌 햇살을 그리워하고

뜨거운 아스팔트 위를
구르기도 하며
배신의 달력을 눈물로 넘겼다

다시
눈을 뜨려니
어제처럼 두려울 것 하나 없는
노숙이다
간밤의 이슬로 젖은
내 몸이 채 마르기도 전에
어린 녀석 하나가
나를 또 걷어차고 갔다
"십 원짜리네"

## 소녀

두 눈을 꼭 감으면
네가 온다
숲정이 앞지르는
합강 내린천
애겨울 퍼석 얼음도
못났다 비웃던 꺽지 얼굴도
모두가 다 멀어져도
너는
내게로 왔다

섶다리 너머
자드락 끝나는 곳
별바라기 나지막 너와집 있고
함초롬 소녀

물안개 촉촉한 아침
속타는 젊음 하나
시장기 잃고
짐짐
멀건 된장국 속에서도
너를 그렇게 찾았더라

두 눈을 꼭 감으면
발그레이
온통 너였다

# 마침표

긴 걸음
끄트머리에
소리 없이 떨구는
눈물 한 방울

# 시작노트

하늘은 비를 담은 구름으로 포장을 했다
좀처럼 시작(詩作)의 시간적 허점을 노려
때를 포착하기에 쉽지 않은 나날이었다

여전히 오랜 문우들  만나는 기쁨에
메모장을 뒤적이며 흔적을 찾아 꿰매어 본다

저만치 그리움 사이에
『시인의 바다』(제19집)을 엮는데
송구한 맘으로 몇 편의 이야기를 엮어 본다

# 연용옥

강원 영월 거주
월간 『한맥문학』 등단(2004년)
한국문인협회 회원
한국바다문인협회 회원
한국바다문인협회 2대 회장 역임
공저 『망초꽃 사랑놀이』 외 다수

# 까치의 침묵 외 7편

연 용 옥

길조라 불리는 한 마리 새 있었다
세상은 그리 만만치 않은데
고개만 두리번거리며 소리 없이
흔들리는 전기줄에 앉아 있다

지나는 사람의 심성을 읽는지
해치지 않을 것을 아는가보다
줄에 앉아 그네를 탄다
가끔 강한 바람에도 균형을 잃지 않으며

탐관오리는
넉넉히 거드름 피우며
현실에 잘 적응하는 듯하다
불행히도 새인 줄 모르고

자연의 속내를 무시한 채
서글픈 여정은 멀지 않건만
마냥 즐거워 춤을 추고 있다
곧 불어올 태풍을 인식하지 못한 채

# 절기

계절의 나침판은 돌고 돌아
예전처럼 처서를 가리킨다

새벽 귀뚜라미 우는 소리에
살갗이 놀라 소름이 돋았다
서늘함이다

지난여름은 명주실처럼
질긴 비와의 싸움이었다
긴 장마에 지칠 즈음
초가을 냄새가 상쾌하다

코로나와의 전쟁도
이젠  끝이 보였으면 좋겠다

# 함께 있지 않아도

내가 아는 사람들은
이런 사람이었으면 좋겠다

조용한 새벽이면
생각나는 사람
좋은 기억을 할 때면
항상 옆에 있을 거라 믿어지는 사람
손이 필요하다고 하면
아무 생각 없이 달려와 주는 사람

목마를 때 물 한잔 건네주는
잔정 많은 사람
힘들고 아파할 때
같이해주는 애틋한 사람
촉촉이 비 오는 날 우산이 되어 주는
배려 깊은 사람

나는 이런 사람이 좋더라

# 사랑한다면

나이 들었다는 것은
슬픈 일이다
그러나 아름답다 석양처럼

하여, 비우고 버리고 양보하고
또,
다른 이를 아프게 하지 말자

낙화한 동백의 꽃처럼
사랑하며 산다는 것은
그런 것이다

나도 그렇게
끝이 그랬으면 좋겠다
사랑이 남아 있다면

# 쓸쓸하다는 것

한 사람이 있다
그가 있는 집 그리고 한 곳
여럿이 일을 하지

은행나무가 참 많은 곳인데
아름답다는 생각은 아직

그곳 꼭대기에 어리석은 청(廳)지기
그 빙산은 아래서 받쳐주는
아홉이 있다는 사실을 모르지

노숙하게 익은 인생들은
그가 노련하게 영글기를 바라는데
차마 시선에서 멀다

계절은 어느새 늦가을
설익은 과일 하나가
철없어 쓸쓸해 보인다

# 소소하게

조금만 참을걸
조금 더 노력할걸
그때 그랬더라면

그렇다 그때 그때 하면서
과거와 산다는 건
미래가 없기 때문

할 수 있는 것만 생각하고
행하며 살자
소소한 행복을 느끼며

나만의 그림을 그려보자
서산에 해 걸리면
아쉬움 없을 만큼 조그맣게

# 상선약수(上善若水)

왜 잠에서 깼을까
뭔기 하고 싶어서
무엇을 먼저 하지
배고프니까 아침을 먼저

그다음 뭘 하지
출근을 하자
일하자 심심한데
일해야 생기잖아 그것

그것 벌어 뭐하게
벗이랑 맛난 것 사 먹고
악기도 하나쯤 사고
조금은 모아두지

퇴근해서 가족과
서로의 하루를 얘기하고
내일을 위해 잠을 청하는 나날
이게 사는 거라면 참 소박도 하다

보람은 무슨
물 흐르듯 흘러가는 거지

# 초등학교

그때는 그랬었다
주기적으로
숙제는 위문 편지

파월 장병 아저씨께
김광남
답장을 받고 알게된 이름

점차 잊혀가는 기억들
우연히 떠오르면
옛 생각을 재생하고 다시 저장

버려서는 안 될 거 같은
이제는 새로운 추억보다
지난 소중한 것을 담아 둬야지

## 시작노트

낙엽이 진다

왠지 쓸쓸해 걷는다

걷다 보니 길이 아니었다

돌아가기에 너무 늦어

철퍼덕 앉아 끄적인다

어디로 어디로 가야 하나

# 염기식

총남 논산 은진 성덕 출생
『한국다온문예』 등단
문학애작가협회 회원
한국바다문인협회 회원
문학의 숲 회원
공저 『문학애 바람이 분다』
『초록이 가을을 만나다』
『망초 꽃 사랑놀이』 외 다수

# 그대가 보고 싶다 외 6편

염 기 식

오늘 밤은 겹겹이 쌓인 어둠보다
더 큰 그리움 창가에 서성이고
묻어 버린 아픔 비 되어 내린다

시린 가슴 쓸어안고
고독을 토해내야 하는 이 밤은
정신없이 살아온 시간 속에서
사랑하는 그대가 보고픈 목마름인 것을

침묵하는 그대가 미어지고
삶의 무게가 버거워지는 것은
성숙되지 않은 영혼의 울림이
밤비 되어 내리는 처절함이려나

어둠보다 더 진한 사랑
그리움 바람으로 가슴을 적시면
사랑하는 그대에게
9월의 편지를 쓰고 싶다
그대가 보고 싶다

## 겨울비

설익어 눈물로 떨어지나
아파서 눈물이 되어 내리나
술비는 오는 듯 마는 듯
무겁게 침묵하는 대지를 깨운다

꿈속에서 일어나라
깊은 잠에서 깨어나라
미욱한 인간을 적시지만
부질없는 혼자만의 외침일 뿐

마실 나간 영혼은 여기저기
다니며 노닐고
육신은 따뜻한 이불속을
이리저리 탐닉한다

한나절이 다 지나 돌아온
영혼이
큰 기지개 켜며 하는 말
참 시간 빠르게 간다

비가 됐다 눈이 됐다
무늬만 다를 뿐인데
눈물이 되고 눈꽃이 되는 것은
우리들의 마음일까

# 타락

세상 것들이
모두 사리져 간다

낮술 한잔에 목을 축이고
숨만 할딱거리는
낯선 모습에 취해 간다

해가 뜨고 어둠이 내리는
강가에서 으슥진 놀이터 벤치에서
떠도는 아픈 허상들을 좇으며
떨어져 가는 상념들과 이별을 한다

타락도 도를 탐하는 경계인 양
취하지 않으면 힘겨운 몸짓이려나

# 시월이 가네

시월이 가는 소리에
시린 가슴이여
만추의 향연 가슴에 담기 전에
무심히 떠나가는 추상의 노래

아스팔트 위에 보도블록 위에
떨어져 뒹구는
낙엽의 눈물이 우리를 깨운다

때가 되면 비울 줄 알고
때가 되면 내려놓을 줄 알고
때가 되면 떠날 줄을 알라
가지 끝에 매달려 울어대는
바람에 기댄 잎새의 신음

가을이 가는 소리에
빈 듯 허전한 가슴이 부르는
또 하나의 연가
시월이 가네 가을이 떠나가네

# 오늘도

오늘뿐인 나의 아침은
희망과 설렘의 까치 소리에
소망의 빛이 되어 찾아왔다

오늘뿐인 나의 아침은
무거운 상념을 벗고
광명의 갑옷을 어서 입으라
환한 미소 지으며 펼쳐진다

오늘도
생의 가장 아름다운 날을 위해
간절한 기도로
빛 고운 흔적을 찾아 나선다

# 소낙비 오는 날이면

후드득후드득 빗방울 소리
더위 먹은 대지가 안쓰러운 듯
시원한 물을 쏟아붓는다

먹장구름 뒤편의 태양마저
이글이글 타오르는 열기를 식히며
짙은 잠에 취하고
여기저기 물 품은 실개천이
신이 나서 소리를 지른다

소낙비 오는 날이면
후드득 이는 빗소리에
희로애락을 실어 보내고
물빛 소망으로
구멍 난 영혼을 채우며
커피 한 잔의 행복에 빠지고 싶다

# 이유가 없는 삶이 아름답다

꽃이 피고 지고
새순이 돋고 떨어지듯
사람도 태어나고 죽는다

사는 것이
변화무쌍이듯
요란스럽지만
우리에게는 모두
존재하고 사라지는 것뿐이다

사는 이유가 죽어야
진정한 삶의 이유가 되듯
살아가는 이유가 없는 삶을 살아야
진솔한 삶의 향기가 자리한다

행복해야 되고
성공해야 되고
사랑해야 되고
미워해야 될
이유가 없는 삶이 때론
고상하고 아름다운
살아가는 이유가 된다

## 시작노트

여름이 굴복할 무렵
아무도 모르게 속살이 채워지고
다부지게 익은
노란 황토 빛깔의 노각을 손질한다
거칠어진 껍질은 당차기까지 하다
시간이 흐르고 여물어
마침내 온전하게 밥상을 점령하고 만다
나이가 들어 알게 된
상큼하고 꼬들한 노각 무침의 맛
오이 자라듯 나의 시작(詩作)도 쑥쑥 자라
봄 여름을 지나
노각이 되더라도
수확의 기쁨을 맛보면 좋으련만

# 염은미

인천 출생
『다온문예』 등단
한국바다문인협회 회원
현) 한국바다문인협회 사무국장
공저 『망초꽃 사랑놀이』 외 다수

# 하얀 찔레꽃 외 7편

염 은 미

간질거리는 바람의 동행을
날숨으로 봄을 토닥이니
잎과 꽃들은 저마다의 색을 지닌다

올해 또 하얗게 눈부신 치장으로
산자락에 피어난 아득히 먼 어머니 향기
텅 빈 그리움을 채우듯 가난한 내 충만은
볕이 좋구나
찔레꽃이 탐스럽구나
매냥 그렇게
어머니의 음성으로 찔레꽃은 피어나는데

내가 가지 못하고
어머니가 오지 못하고
어느 곳에서 계절을 보내도
봄은 아무것도 숨기지 않는데
정녕 닿지 못하는 한숨이 애달프기만 하여라

# 봄동

댑바람에 흐무져
눈보라 보대낀 가지가 핼쑥해질 때
가만한 나날은
흐릿해지는 겨울에 휘청이다
말갛게 세수한 햇살이 수북이 쌓일 즈음
속 깊은 곳에
살포시 피어난 노란 꽃망울

이번 생은 가을이 아닌 봄이다

## 겨울 인연에게

까칠해진 도심 끝 능선 자락엔
날 선 바람의 붓질
민 가지에 들숨에서 멈춘 나무들은
혼자 가슴 치다 겨울을 만진다
빈 가지에 스치듯 지나기도 하고
가시처럼 박히기도 하지만
바람의 태생은 흐르는 것
흐르다 보면 다시 만나지기도 하지
오래된 시간 위로
나긋나긋 지어 이어진 끈은
따뜻하게 토렴해 낯설지 않은 미소 진다

# 무시래기

겨울이 깊을 대로 깊어져
제 한 몸 처마에 맡겨진다

몸을 받아 줄 아늑한 곳은 없고
모진 계절 지나 체념이 부른 표정

하늘이 무겁거나 가벼워도
수없이 얼었다 녹기를 반복하다

어쩔 수 없을 때까지
몸을 헐어내어

푸른 생은 어디에도 없지만
비로소 세월의 새 이름 하나 얻었다

# 들꽃을 위한 시

바람이 제 알고 불어오면
사뭇 다른 바람결에 일렁이는 연둣빛
가만가만 눈을 잡아끄는 봄까치꽃은
낮은 곳에서 피어
발치께 흐드러지게 흩뿌린다
허리춤 위로 저 높이 사는
복잡다단한 세상과는 부딪칠 일 없고
그저 평온하고 잠잠한 아래의 세계
들꽃에게 낮은 곳은
하늘이 흐르고
비가 흐르고
햇살이 흐르고
땅의 기운이 보드랍게 흘러
그 찰나에 봄이 피어난다

# 유월 단상

태양보다 눈부신
푸르름이 진동하는 언덕배기를 두고
잠시 빌려온 계절의 경계

불평 하나 없는
바람의 추임새는 무슨 연유로
꼼지락거리는 하늘을 간지럽히는지
모란이 지고
한참 후에야 작약이 핀다는 걸 알았을 때
꽃이 피는 당연한 이유를 알지 못한 걸까

무던히도 어우러져
제 마음에도 자라던 신록은
점점 커지는 여백을
쉴 틈 없이 채우는 까닭이니
곰살맞은 햇살에 손 내밀어도
바람은 스쳐 지나는데
새 한 마리라도 날아와 고즈넉이 지저귀어 주면 좋으련만
마음 하나 그려 놓은
잊힌 봄날은 그렇게 지나간다

## 겨울 초승달

웃을 때 빛나던 당신의 눈
미소 지으면 반달
환히 웃으면 초승달을 닮았었지

해지고 어둑한 때
까칠한 겨울 가지 위로
어스름 비춰주며 따라오던 어머니의 눈

세상은 모두 잠들었는데
혼자 우두커니 바라보며
붙들고 있는 꼭 하루치 미소

잠들어야 꿈에서라도 보련만
마른 바람 불어와 깨어 있는 하늘아
어쩌자고 달은 당신의 눈매를 닮았을꼬

## 사랑 적설량

누군가의 땅에 내린 밤눈이
구겨진 기억으로 나목에 매달려 있다
가슴까지 차오른 서늘한 한숨
기다림이 영원이 되어
마음마저 모두 소유해야
사랑이 사랑이라는 결핍
무심한 시간의 무대가 무채색으로 채색되어
결국 타들어 가는 장단 같은 심장소리는
눅진 먼 후일로 쌓이고
기억이라는 영원한 시간은
녹아 사그라져도
모두 끝난 것이 아님을

# 시작노트

때로는

세상이 비껴갈 수 있어

지치고 힘들지만

계절이 주는 행복

변함없는 사랑

나를 위로해 주시는

당신으로 인해

살아갈 이유가 생겼습니다

# 이근복

경기도 양평 출생
『문학저널』 등단
한국바다문인협회 회원
공저 『망초꽃 사랑 놀이』 외 다수

## 도심 속에 피어난 외 6편

이 근 복

시간은 도시를 갉아먹지 못한다
촘촘히 박힌 백열등이 도시로 걸어 나오고
흑백 논리에 꼭짓점을 찍지 못하는 이유다
밤낮의 해와 달이 섞이지 않아도
게을러서 늙는 법이 없다
알록달록 꽃집에 가면
산과 들 담장 밑 봉선화와 작약
그곳엔
젖을 물린 어린아이의 소박한 고향이 있다
골목 어귀마다 가벼운 아낙들의 입이 춤을 추고
이른 아침
짓눌린 어깨를 툇마루에 걸터앉아
구성진 창부타령으로 풀어내시던 아버지
손님을 부를 까치에게
미루나무 꼭대기를 내어 주었다
안방 문턱 위 액자 속의 젊은 여자가
가지런히 빗어 넘긴 쪽 찐 머리를 하고
걸어오고 있다
에미야
까치에게 내어준 터를 바라보며
담장 밑 어린 작약이 벙그르르
알록달록한 꽃집엔
어린아이의 소박한 고향이 있다

# 작은 꿈

목숨보다 질긴 노끈이
바지랑대에 묶여 기 싸움을 하고 있다
땀을 씻어낸 낡은 옷가지들이
몸을 맡긴 채
뚝뚝 고단함을 떨궈 내는 동안
스치는 바람의 위로로 몸을 말린다

펄럭이는 옷가지에 잠자리 앉았다
동그란 눈을 이리저리 굴리다
철수의 손에 잠자리 들어왔다
작은 손의 구속
동그란 눈이 빠르게 돌아간다
의식처럼 하늘을 향해
두 손 높이 들어 날개를 펼쳐
멀리멀리 날아가거라
하늘 높이 쏘아 올린 작은 꿈

# 끝자락에서

뜨겁게 달구어내던 광기의 옥죄
한 발을 뒤로한 채 뒷걸음질 치고 있다
나지막이 들려오는
풀벌레의 음률에 귀가 열리고
굳게 닫힌 입술을 달싹이게 한다

바람은
부대끼는 풀잎을 나무라는 법이 없다
사스락 사스락
들녘엔 은빛 융단
풀잎마다 맺힌 영롱한 이슬이
발등을 스캔한다
엷게 버무려진 끝자락에서
떠오르는 태양이
어제의 여름을 보내고 있다

# 흔적

들녘
곡식이 알알이 채워지니
과수원의 과실이
마지막 추임새를 갖추고 있다

넘치도록 주신 풍성함의
잘못이 있다면
죄목은
태양을 훔친 죄
태풍과 비바람에도 잘 견뎌낸 죄

푸른 벼들이
만석을 꿈꾸는
주인의 손길이 살가워
황금물결을 이룬다

검게 그을린 민낯에
웃음이 번지고
농부의 어깨춤이
한 자나 자란 그림자도 덩달아 들썩인다
위대한 가을의 절대적 가치

# 유년 시절

굴뚝 연기가 피어오를 때까지
아이들의 재잘거림은 끊이지 않는다
천수를 누린 묵은 느티나무는
가지마다 날개를 달았다
아이들의 놀이터로 자리했던
느티나무
땅바닥이 반들반들하다

고무줄놀이 술래잡기에
혼을 빼앗긴
계집아이와 사내아이들의
지칠 줄 모르는 에너지는
해가 넘어가도 계속 이어진다
굴뚝의 연기가 끊어질 때쯤
톤 높이 외치는
어머니의 불호령 밥 먹자

매일의 일상이 똑같은
학교에서 만나고 집에 와서 봐도
어제와 같은 놀이를
오늘 또다시 한다 해도
처음 하는 오늘의 놀이처럼
21세기에서 찾아볼 수 없는
다시 없을 순수한 유년 시절

# 해운대

해안가에 덮인 모래 위를
하얀 물서품이 밀당을 벌이고 있을 때
삼삼오오 짝을 지은 많은 인파가
모래알만큼이나 넘쳐난다
찍사들은 찰나를 위해
렌즈에 시선을 포개고 날숨으로
숨 고르기를 할 때쯤이면
수평선 끝자락 붉디붉은 태양이
바다 위로 서서히 차오르고
봇물 터지듯 나온 탄성의 엇박자
바빠진 찍사들의 셔터 터지는 소리
윤슬이 메운 바다는 한 폭의 수채화가 된다
시선을 뗄 수 없는 장관이 펼쳐지니
갈매기도 한 폭의 그림으로 들어왔다
비경을 뒤로한 채 수많은 포즈로
감각을 살려내는 익명의 모델들
그들의 화려한 날갯짓에
정화된 맑은 추억을 담아내고 있다

# 고등어

오랜 전설의 나날
표피 밖으로 드러내지 못한
수초의 얽힌 사연을 바다는 알고 있다
성난 파도가
방파제를 갉아먹어도
바닷속은 언제나 평온하다
푸른 바다를 누비며 다녔을
고등어의 생도
만선을 꿈꾸며 띄우는
어부의 그물을 거절하지 못한다

깡시장에서
주인님의 손길을 기다리고 있다
깨끗하게 손질된 고등어
시래기청 위에 얹어 양념장을 입혔다
달싹이는 뚜껑이 기어코
비릿한 바다를 넘고야 만다
바다 향기로 풍성한 식탁
쌀밥 한 숟가락 시래기에 살 한 점 얹어
오물오물 입안 가득 식도를 넘기는 희열
오메가 3가
온몸 구석구석을 비집고 세포를 깨운다

## 시작노트

저 높은 하늘은

구름이고 바다이며 실개천이지만 목적도 없이

바람 따라 흘러가다 흩어지고 모인다

창작이란 꿈의 옷은 날개가 부러진 채 수리 중

정처 없는 나그넷길

여기가 끝인지 저기가 끝일까 기약도 없이 지나 온 궤적도 없이

道畇 이상호

『현대문학사조』 시 부문 등단(2019년)

현) 현대문학사조 회장

한국바다문인협회 회원

한국고미술협회 회원

동인지 『망초꽃 사랑놀이』 외 다수

시화전 다수

# 봄의 노래 외 5편

道昀 이 상 호

울긋불긋 추억을 태워서
벽석한 웃음도 팔았던 잔칫상
핏기 없는 언 가슴은 무엇이 잡고 있는지
훈풍은 향기를 쫓아
정지된 동맥을 뒤틀어 보니
콧노래가 소슬천을 소환합니다

숨죽여 열리니 벅찬 가슴
찬란함이다
깨끗함이다
탄생이다

티끌 하나 먼지 한 톨의 노래
누가 청렴이냐?
무엇이 희망이냐?
찬란함과 황홀이 뒤엉킨
원색의 파노라마
세상을 호령할
천지의 노래다

# 둥둥 흐르다

틈만 보이면 숨었던 기억은
꽃이 피었다 돌이 된다
투명한 유리창이 말을 타고 걸어간다
살아감의 변신은 부드러운 옹고집이 되어 씩씩하다
시작은 끝이고 끝이 시작인 여행길
낯섦도 낯설지 않다
외모는 아기 업은 엄마의 포근함이다
고민은 여름날 깊은 숲에 버린 집착은 사라지고 밝은 세상은
내 것인 것 같다
둥둥 흩어지고 모이는 본능은 사계를 넘는다
언제까지나 꿈을 주고
꿈을 만들러 길을 떠난다

# 크레바스 속에서

새하얀 눈 속의 깊이는 얼마나 깊을까
어둠의 길도 등대가 없다
누군가의 응원도 없는 길
무엇을 위해 무언의 행군은 멈출 수가 없는지
임도 없고 남도 없는 외로운 길
저 아래의 깊이를 속이는 어둠
쓸쓸한 적막은 고독을 가중시키는
반복되는 일정 속의 두려움에
스스로 등불 밝히며
꿈을 찾는 발걸음은 궤적도 없이
덩덩덩 바꿀 수가 없구나

# 살아 있는 선과 담

언제부터인가 땅에 임의로 선을 긋고 말뚝을 박았습니다 영역의 선은 누구든지 넘지 말라는 역린의 표기입니다 유기적인 선이 늙으니 붉은 담이 됐습니다 침묵의 그림자가 길게 누웠습니다

힘차게 강줄기를 넘나드는 연어는 시원합니다 총칼보다 무섭고 지독한 선을 넘는 새들은 넘는 것보다 먹이 찾기가 더 힘들다고 합니다 날갯짓 몇 번으로 넘을 수가 있으니까요

모래알은 아무 생각이 없답니다 길들여진 각자의 편린들의 조각은 제 갈 길만 갑니다 아무 일 없었던 것은 언제까지 참을 수 있는지

상처는 통증을 넘으면 원래 모습으로 깔끔히 돌아갑니다 선은 지우면 지워집니다 담은 위험하니 허물어야 합니다 누가 주인이 될 수 없는 내 몸뚱이입니다 담쟁이도 넘는 저것을 이제는 우리가 넘어야 합니다 비둘기가 날아 넘는 저까짓 것 선과 담을

# 칠월이 언덕에 서서

길바닥에 덜프덕 누웠어요 누워보니 편하네요 다가온 먼바다에는 고깃배가 그물을 던지네요 예쁜 고기를 낚으려 합니다 빨강, 노랑, 하양, 보라색 중 어떤 색을 좋아하세요 입술에 깨물기에는

이치가 달립니다 여러 길을 만나지만 편한 길은 멀기도 가깝기도 하지요 마음의 색이 다르니 푸른색이 날개를 폅니다 변덕스러운 하늘을 맷돌에 넣고 어처구니를 잡았어요 갈팡질팡 오색을 갈고 섞어서 자연의 색을 만들어 봐야 하니까요

몇 년 전까지는 넘어지지도 않았어요 작년부터 앞을 못 보는 장님이 됐어요 코도 맥맥하고 결국 다리마저 부러졌습니다

천사와 악마는 어디에 거처하는지 시끄러워진 이곳에 강도가 침투해 온 후론 매일 죽음의 그림자가 뚜벅뚜벅 마주합니다 소통할 비책을 서랍에서 꺼내 보지만 총을 든 강도는 낄낄 웃고 배를 쥐고 있네요

맛나는 것 보고 싶고 여행도 먹고 싶은데 방법이 없네요 길바닥에 언제까지 길게 누워야 하는지요 아스라한 꿈속에 들꽃들이 종알 중얼댑니다

# 썸머 씽

눈도 없이 꿈을 꾼다
가슴도 없이 꿈을 꾼다
무엇이 꿈인지 모르면서 꿈을 꾼다
구름이 무엇인지
나무가 키가 큰지 작은지
새가 무서운지 고양이가 사나운지
마주칠 날들의 조각의 색도 모른다

소수의 해의 여름날
천적이 적다 하니
눈을 떴다 날개를 폈다
눈 부신 햇살과 마주친 바람이 황홀했다
어화둥둥
밤낮의 무게는 알 필요가 없이 부르는 세레나데

길고 긴 무명 시절의 보상의 영광은 짧다 존재의 가치는 묻지 마라
울 엄마가 그렇게 살았고 울 아빠가 미치도록 열창했다

나도 그렇다
뜨거운 여름
관객도 없고 박수도 없지만 나는 가야 한다
울대가 삭아 녹을 때까지

## 시작노트

보이지도 않는 것이
사람의 생명을 위협하는 코로나 정국
코 막고 입을 막고 살려하니
너무나 야멸찬 시간

우리는 밖의 활동할 수 없는 시간 앞에
혼자의 생각으로 책만 읽는
나만의 독서 시간에도
마스크를 쓰니 집중이 안 되는 시간

백신 투여로 마스크 벗고 대면해
웃는 날이 오기를 기다리면서
서로의 안부를 글로 물어보며
코로나 속에 쓴 글 여기에 펼쳐 본다

# 이정석

충북 괴산 칠성 출생

월간 『문예사조』 시 부문 등단(2006년)

2010년 자랑스런 한국인상 문학 부문 대상 수상

2018년 한국청소년신문 청소년지도자 문학 부문 대상 수상

청풍명월정격시조회 문학상 수상(순발력 부문)

2019년 물향기문학상 아름다운 문학인상 수상

공저 『내 허락 없이 아프지도 마』 외 다수

## 동백꽃 외 6편

이 정 석

온 세상을 손아귀에 잡고
큰소리 낭랑 치지만
그 마음속 어디엔가는
여리고 여린 봄이 숨어 있는 걸
동백꽃을 보고 알았네

내 바람막이였던 부모님이
일박의 여행길 떠나던 날
나 다 컸다고 큰소리쳤지만
혼자 있는 밤이 무서워
날밤을 새우고 난 뒤에야
부모님 소중함을 알았듯이

엄한 겨울의 바람막이 없인
따듯한 봄을 맞을 수 없다는 것도
새로이 알게 된 나

겨울을 이긴 동백꽃 피눈물이
봄을 인도하는 구도자라는 것도
내 이제야 알았구나

사랑한다 봄맞이 겨울꽃이여

# 한계령 쉼터

한계령을 넘어갈 때에는
그냥
넘어가지 말라

쉼터가 있다는 것은
한숨 쉬고 넘어가란 뜻이니
몰아친 가쁜 숨 한숨을 쉬었다
도움닫기로 넘어가라

높은 하늘의 구름도
쉬었다 가는 곳이란다

한계령을 넘어갈 땐
그냥
넘어가지 말 일이다

# 시간

이정석 작시, 김현지 작곡
노래 : 은구슬 소프라노

맑은 호수에 머문 산 그림자
사람의 정이 그리워 놀러 오고
바람은 고운 향기 싣고 와
서로가 소통하며 살아가는 삶

나무 그늘 아래 편히 쉬면서
위로받고 위로하며 살고 있지만
결코 나를 위해 존재하지도 않으며
또다시 기다려 주지도 않고
시간은 자기 본분에 최선을 다하며 가고 있다

서두르지 말고 역행하지도 말고
즐기는 행복 창작하며
순리대로 함께 살아가자

# 타워크레인

하늘 높이 솟은 코끼리 뻗은 코
건설 현장에
저마다 키 자랑이 한창이다

여명이 밝아 오면
허리가 휘어질 듯 무거운 짐 짊어지고
이리저리 자재를 운반하다 날이 저문다

지난밤 아파트는 키가 부쩍 자랐다

비쩍 마른 코끼리 긴 코의 힘
허공에 길을 내며
하늘을 이고 고통의 무게를 견딘다

바람이 스쳐 지나간 자리
아슬아슬 외줄 타는 곡예사처럼
하늘 꼭대기 창공에 매달려
팔 벌려 춤추고 있다네

# 가로등

어려서부터 내 주위에
늘 가로등 하니가 있었다
그 가로등
낮에는 멀리서 그림자가 되고
밤에는 내 가까이에서
어둠을 밝혀주는 등불이 되었다
그러던 어느 날 갑자기
가로등이 꺼져 버린 밤
울며불며 애원했건만
내 곁에서 영원히 사라졌네

혼자가 된 나는
어둡고 좁은 길을 혼자 가야 했고
가로등 없는 무서운 길도 혼자 가야 했다
내가 힘이 든 날이면 더욱더 그리워지는 가로등 불빛
그 진정한 가로등 불빛은 우리 아버지였다

오늘도 어김없이 날 찾아온
가로등을 보노라면
우리 아버지 생각에 자꾸 눈물이 난다
용기 내 말합니다
어디선가 한 번쯤은 뵙고 싶다고
우리 아버지 사랑한다고
내 아버지가 밝히는 눈물 짓는 오늘 밤도
무심하게 깊어만 가네

# 어쩌면 좋아

나의 예쁜 꽃으로 살며시 온 너
내가 눈만 감으면
온통 네 모습만 보여서
눈을 똑바로 뜨고 있는 나

그러나 얼마 못 가서
또다시 눈이 감기는 나

내가 너에게 또 졌다
네가 정말 많이 보고 싶은가 봐
어쩌면 좋아

내 시야엔 모두가 너뿐인 걸 보니
네가 나를 많이 점령했나 봐
나도 너를 사랑 하나 봐
어쩌면 좋아

그래서 너는
나의 꽃으로 내 마음속에
곱게 피어 있나 봐
내가 실실 웃는 걸 보니
어쩌면 좋지

# 경매

자리에
나온 물건
가격은 천차만별

숨죽인
긴박 상황
빛나는 눈치 싸움

바람과
진실 사이에
정해지는
내 몸값

## 시작노트

마음이 바다였던 적이 한 번이라도

있었나 하는 궁금증의 물음표…

모두가 힘들다고 말해도

다시 도약하는 원동력이 되는

바다가 있기에 내일을 꿈꿔봅니다

## 전인숙

2014년 충무로 시화전 4점 전시

2015년 을지로 시화전 5점 전시

2016년 을지로 시화전 4점 전시

공저 『망초꽃 사랑놀이』 외 다수

# 부부 외 7편

전 인 숙

밉다 곱다 말하지 않아도
살아온 세월이 깊이
몸에서 배어 나온 몸짓에

걸어가는 뒷모습의 아련함에
눈길 머물고 미소 지으며
내 발걸음 뒤따르고

서로의 눈빛 속에서
굳이 잔소리 늘어놓고
말하지 않아도

행동으로 내게 다가와
잔잔한 감동으로
여운이 길게 늘어질 때

# 엄마

고등어 대가리에도
흐뭇한 미소를 짓고 계셔서
마음으로도 웃고 계신 줄 알았다

출가한 딸년의 넋두리에
안쓰러움으로 그 마음속이
절규의 통곡을 하는 줄 몰랐다

내 새끼 장성한 뒷모습에
뜻 모를 설움이 사무쳐
내 눈가에 이슬이 떨궈질 때 알았다

나도
엄마란 걸

# 동강의 수채화

깊고 깊은 계곡의 물줄기는
웅장한 폭포수가 떨어지는
소리와 같고

밤하늘의 까만 도화지엔
별들이 한자리 꿰차고
한 입 베어 문듯한 반달은
등불 되어 밝히듯 훤하니

인적이 드문 동강의 새벽을 훔친
나는
죄인이 되어버려 수감자로 낙인되었다

# 불효자

부모님 머릿결에 파 뿌리 뽑은 듯
찬 서리 내려앉고
꼿꼿한 등허리 구부정하게
뒤따라 닮아가는 내 모습

새털 같던 긴긴 세월
애끓은 숯등걸처럼
눈곱만큼 알 듯하니

요단강 건널 세월
점점 짧아질 때가 다가오니
자식 된 도리 다 못한 내 가슴

썩은 서까래 내려앉듯이
피멍울처럼 응어리지며 무너져 내린다

# 엄마의 통장

꿈나무 심어놓고
비바람에 부러실까
먹구름에 가려져
따스한 햇빛 못 볼까
노심초사

활짝 웃는 햇살 한 줌에
미소가 지어지고
찡그려 우는 비바람 한 줌엔
그늘이 지어지니

우리 엄마 통장엔
언제쯤이나 가득 차고 넘치는
잔액으로 남겨져
배시시 웃게 될는지

# 노부의 유언

울지마라
살 만큼 살다 가니

길가에 뿌려지고
날리는 민들레 홀씨처럼
바람결에 흘러가는 구름처럼
흩날리게 날리어 주어라

눈물이 나거들랑 부러 울지 말고
세찬 바람 부는 날
바람결을 바라보며 울거라
핑계 대기 좋으니

장부의 가슴속에 생겨난 큰 구멍도
세월 속에 묻히고
망각 속에 잊히니
남은 삶도 웃으며 살다 오너라

네 모습에 나를 놓고 갈 테니

# 어머니 손맛

달그락거리며
조물조물하는 손에서
어릴 적 어머니 음식이
맛깔스럽게 탄생한다

추억으로 더듬더듬
머리에서 기억을 꺼내고
입으로 느꼈던
그 맛을 흉내를 내보지만

늙어가는 내 입맛은
향수와 추억은 먹었으나
사랑이 빠져서 그런가
그 맛이 씁쓸하다

# 그냥

너한테 가도 되니?

왜!

그냥

갑자기 네가 보고파서

## 시작노트

어둠 속에서

한 줄기 빛이 보였다

망설일 것도 없이

와락 안았다

시인의 바다였다

## 허 문 규

한국바다문인협회 회원

한국문인협회 회원

시집 『별의 유전자』

공저 『망초꽃 사랑놀이』 외 다수

# 상사화 외 7편

허 문 규

철로를 따라 달려봐
만나려 애를 써도
소실점이 될 수가 없어
마음을 펼쳐
수 없이 포옹을 그려도
그냥 꿈에 불과해
천벌을 받아
피를 토하는 것일까
가슴에는 활화산이 솟고
지렁이 같은 힘줄은
땅을 짚고 일어나
기다란 속눈썹의 촉수를
오므렸다 펼쳤다 하며
빨강 나팔로 누군가를
애타게 찾는다

# 초가을의 서정

호수의 심장에
하늘이 내려와 박힌다
조각구름은
혈관을 타고 흘러
담백한 풍경을 연출하고
하늘은 젖으면 젖을수록
뽀송뽀송하기만 하다
심장에 머무르는 동안
굵은 혈관엔
하늘빛 사랑이 흐르고
호수의 맥박에서는
잉어의 살 오르는 소리가
귓가에 들린다

# 은행 강도

인적이 드문 새벽에
자루와 연장을 들고
살금살금 기어든다
미리 봐놓은 비밀 통로로
어렵지 않게 뚫고 들어가
털기 시작한다
노랑 파랑 구분 없이
손에 잡히는 대로
자루에 담고
유유히 빠져나온다
사이렌 소리가 들리더니
경찰이 도착한다
지키려던 것은
이미 다 털리고 말았다
텅 빈 은행은
한숨을 내쉬며
똥 냄새까지 피운다
이제는 홀가분하다며
모든 것을
내려놓는 은행나무

# 여름과 겨울 사이

이 계절이 건네는 시간은
차고 넘친다
내게 모든 것을
퍼주는 너에게
난 무엇을 줄 수 있을까
없다
대신 마음의 씀씀이와
씀씀이의 기럭지라도
이 계절 같았으면 좋겠다

# 낙조

임아
흥분하지 마시라
난 오로지 해님만을
사랑했소이다
타오르는 불꽃처럼
온 정열을 다 바쳐
사랑한 것이
죄가 될 수 있다면
그 어떤 벌이라도
좇아가 받을 것이오

# 삼복더위

오메 마빡 벗어지겠다
계곡물 소리는
산을 오르내리며
힘차게 태양열을
감았다 풀었다 하는 사이
조금만 설쳐대도
마구 밀물이 들어온다
콧구멍에서는
불쇼가 펼쳐지는데
화력이 얼마나 좋은지
내 안의 연료 탱크는
금세 바닥이 난다
뚝배기에서는
소용돌이를 일으키며
기운이 끓고 있다
가만히 귀 기울이니
더위를 원망하는
홰치는 소리다

# 청양고추

젊음엔 특권이 있다
맹물 같기보다는
무엇인가의 자극으로
깨우침을 준다
작아도 깡이 장난 아니다
늘 바짝 긴장하고 있으니
누구나 쉽게 범접할 수 없다
스트레스 해소와
칼칼한 기분 때문에
팬클럽까지 있다는 것은
아이러니다
가깝게 지내다 보니
불을 먹은 것처럼
폴짝폴짝 뛸 때도 있다
물 폭탄을 맞고서야
제정신이 돌아오지만
시간이 지나면 또 손이 간다
그야말로 아편이다

# 빗줄기

한 발치 앞까지 와서
숨 고르기를 한다
내 넓은 가슴에
빗금을 치며
큐피드의 화살이
숨 막히게 꽂히는데
정신을 차릴 수가 없다
온통 내 마음을
멍들게 한 건
바로 너다 너 너 너

시인의 바다 제19집 — 끈, 이어지다

---

한국바다문인협회

인쇄 1판 1쇄 2021년 11월 13일
발행 1판 1쇄 2021년 11월 20일

지 은 이 : 한국바다문인협회
펴 낸 이 : 김천우
펴 낸 곳 : 도서출판 천우
등　　록 : 1992. 2. 15. 제1-1307호
주　　소 : 서울시 성동구 무학봉28길 6 금용빌딩 2F
전　　화 : 02)2298-7661
팩　　스 : 02)2298-7665
http://moonhak.wla.or.kr
E-mail : chunwo@hanmail.net



값 10,000원



ISBN 978-89-7954-831-0